Cielo
y su bebé

por Margie Sigman
ilustrado por Jason Cheshire

Scott Foresman
is an imprint of

PEARSON

Glenview, Illinois • Boston, Massachusetts • Chandler, Arizona
Upper Saddle River, New Jersey

Every effort has been made to secure permission and provide appropriate credit for photographic material. The publisher deeply regrets any omission and pledges to correct errors called to its attention in subsequent editions.

Photo locations denoted as follows: Top (T), Center (C), Bottom (B), Left (L), Right (R), Background (Bkgd)

Unless otherwise acknowledged, all photographs are the property of Pearson.

Illustrations by Jason Cheshire

Photograph 12 Momatiuk – Eastcott/Corbis

ISBN 13: 978-0-328-53323-7
ISBN 10:   0-328-53323-8

Copyright © by Pearson Education, Inc., or its affiliates. All rights reserved. Printed in the United States of America. This publication is protected by copyright, and permission should be obtained from the publisher prior to any prohibited reproduction, storage in a retrieval system, or transmission in any form or by any means, electronic, mechanical, photocopying, recording, or likewise. For information regarding permissions, write to Pearson Curriculum Rights & Permissions, One Lake Street, Upper Saddle River, New Jersey 07458.

Pearson® is a trademark, in the U.S. and/or other countries, of Pearson plc or its affiliates.

Scott Foresman® is a trademark, in the U.S. and/or other countries, of Pearson Education, Inc., or its affiliates.

2 3 4 5 6 7 8 9 10 V0N4 13 12 11 10

Me llamo Cecilia. Mi mamá tiene una escuela de equitación. Allí viven varios caballos. La escuela está cerca de nuestra casa. Creo que es la mejor escuela de todas.

Mi mamá enseña a los niños a montar a caballo. Cielo es el caballo de mi mamá. Es una yegua. Es un animal muy bueno.

Cielo también es mamá. En la primavera tuvo una yegüita muy linda. Se llama Bellecita.

Hoy es el primer día que Bellecita puede tener visita. Ya tiene suficientes días de nacida. Mis amigos vinieron a verla.

Cielo es una mamá muy buena. Observa a su bebé, que salió corriendo. A Bellecita le encanta jugar.

Todos los días cuidamos de los caballos. Les damos un poco de heno. Les llenamos sus cubos con cereales.

También los cepillamos bien.
Mamá tiene muchos cepillos. A los caballos les encanta que los cepillen.

Mamá hace una comida especial para los caballitos. Tritura avena con leche y lo mezcla. Esa comida los ayuda a crecer.

Mamá me dijo que empiece a pensar en un nombre para el próximo caballito que nazca. Me dio algunas ideas, como Estrella o Lucero. ¿Cuál crees tú que sería un buen nombre?

Datos sobre los caballos

Leamos juntos

Casi todas las yeguas, o hembras de los caballos, son muy buenas madres. Vigilan constantemente a sus bebés. Si alguien se acerca a un caballito acabado de nacer, la mamá yegua se pone muy nerviosa. Es importante hacer que los caballos jóvenes se sientan cómodos entre las personas. Si acostumbran a un bebé a que le toquen las patas y le acaricien la cabeza y lo cepillen, más tarde será mucho más fácil entrenarlo.